coleção primeiros passos 258

Maria Luiza Silveira Teles

O QUE É DEPRESSÃO

editora brasiliense

copyright © by Maria Luiza Silveira Teles

Nenhuma parte desta publicação pode ser gravada,
armazenada em sistemas eletrônicos, fotocopiada,
reproduzida por meios mecânicos ou outros quaisquer
sem autorização prévia do editor.

Primeira edição, 1992
3ª reimpressão, 2018

Preparação de originais: *Cássio de A. Leite*
Revisão: *Adalberto Couto* e *Aracy R. Bastos*
Capa e ilustrações: Angela Maino
Diagramação: *Iago Sartini*
Produção gráfica: *Laidi Alberti*

Dados Internacionais de Catalogação na Publicação (CIP)
(Câmara Brasileira do Livro, SP, Brasil)

Teles, Maria Luiza Silveira
    O que é depressão / Maria Luiza Silveira Teles. --
São Paulo Brasiliense, 1999. -- (Coleção Primeiros Passos; 258)

    ISBN 978-85-11-01258-3

    1. Depressão mental I. Titulo. II. Série.

99-0799   CDD-155.232

Índices para catálogo sistemático:
1.Depressão mental: Psicologia individual   155.232

EDITORA BRASILIENSE
Rua Antonio de Barros, 1586
03401-001 – São Paulo – SP
www.editorabrasiliense.com.br

SUMÁRIO

I. Tristeza e depressão 7
II. Depressão: uma doença 13
III. Causas e consequências 21
IV. As máscaras e os tipos de depressão 30
V. A adolescência 34
VI. A menopausa e a andropausa 40
VII. A velhice 46
VIII. Os dramas existenciais 53
IX. Vencendo a depressão 60
X. Meditações finais 70
Indicações para leitura 75
Sobre a autora 80

"Só o coração é sábio. Este coração, no entanto, está chorando baixinho, pois se sente raquítico e sem asas para voar. Vê e distingue os valores, desejaria abraçá-las, mas seu espírito está sem forças, é anêmico. É a este estado de coisas que chamamos de anemia espiritual, cujo fruto mais sentido é a tristeza e o tédio."

Neylor J. Tonnin

TRISTEZA E DEPRESSÃO

"A vida torna-me tão infeliz! Tenho de voltar ao útero."
Freud

Infelizmente, até os profissionais da área costumam confundir os estados de tristeza e depressão.

Tristeza é uma emoção natural, normal no ser humano, diante de uma perda qualquer. Ela é, pois, uma reação afetiva básica frente a situações de perda. Devemos nos lembrar de que muitos dos problemas emocionais não são problemas patológicos, mas existenciais, a não ser que tenhamos a vida como uma doença...

A manifestação da tristeza, embora com diferenças individuais — pois cada pessoa é uma expressão única e singular —, costuma ser por meio das lágrimas, do desinteresse pelas coisas cotidianas, pela falta de prazer na existência.

Ela pode durar alguns dias, um mês, dois meses ou, talvez, até mais. Entretanto, passa, sem que o indivíduo necessite de qualquer ajuda profissional. Aos poucos, ele vai se voltando para os amigos, mostra, de novo, interesse pelo trabalho, passa a fazer planos, traça novos objetivos... Enfim, volta à vida, cujo apelo é bastante forte, e da qual se afastou, durante algum tempo, para "trabalhar", "elaborar", "aceitar" a sua perda.

Esta perda não tem de ser, necessariamente, a perda de um ser amado, mas pode ser de *status*, emprego, dinheiro, liberdade, um sonho etc. O sofrimento mental e emocional de uma pessoa pode estar muito além do que se possa imaginar, conceber, sonhar, identificar, simplificar ou entender. Por isso é perigoso, e até mesmo ridículo, rotular sentimentos humanos, cheios de sofrimento.

Freud, o grande gênio da psicanálise, doutrina que criou para explicar a dinâmica do comportamento humano (e, ao mesmo tempo, um tipo específico de psicoterapia), já dizia, em seu trabalho *Luto e Melancolia*, que, embora a tristeza envolva graves afastamentos daquilo que constitui a atitude normal para com a vida, jamais pode ser considerada como algo patológico. E, ainda mais, ele pensava que esse lapso de tempo, em que o indivíduo se isola em sua dor, é importante para o seu equilíbrio emocional posterior, assim como condenava, nesse caso, qualquer interferência de tratamento médico. Inclusive, quando a expressão de luto não se dá, deve ser estimulada, a fim de se evitar sintomas patológicos posteriores.

A nossa sociedade tem se robotizado de tal forma, tem enfatizado, com tanta veemência, fatores como sucesso, poder, dinheiro, que acaba levando as pessoas, envolvidas, completamente, numa luta insana para alcançar esses objetivos, a afastarem-se de si próprias, de seu interior e se tornarem anestesiadas em suas emoções.

Mas o pior é que, nesse trabalho de anestesiamento, trabalho este que não é senão a criação de defesas para evitar o sofrimento — contingência da própria vida —, as pessoas costumam, também, talvez até por um processo inconsciente de vingança e sadismo, exigir e cobrar dos outros que eles também não expressem as suas emoções.

Ora, toda a história da humanidade tem nos demonstrado que o ser humano é muito mais emocional do que racional. E a emoção de tristeza é tão velha quanto o homem. Tem-no acompanhado através de sua evolução e a literatura universal a registra com relevância.

Todo o trabalho da psicologia tem sido, exatamente, no sentido de procurar mostrar como a não liberação das emoções causa graves danos aos indivíduos. Sentir alegria, entusiasmo, tristeza, amor, raiva, medo: tudo isto significa apenas ser humano, ser gente.

E, hoje, já não duvidamos do que Freud afirmava, com bastante precisão, embora sem condições de comprovação objetiva: que as emoções são uma carga de energia bastante violenta, cuja repressão sempre haverá de causar algum dano físico e/ou psíquico ao indivíduo.

Atualmente, o que mais assistimos são aos consultórios médicos e os ambulatórios repletos de pessoas que, na verdade, não têm uma doença orgânica específica, mas, simplesmente, somatizaram (isto é, dirigiram para o corpo) as suas emoções reprimidas.

Não sei até quando nós, da área da psicologia, teremos de explicar a necessidade de se extravasar, de alguma forma, todas as emoções: isto é sadio, é normal. Conter o choro, conter o riso, fingir felicidade, engolir a raiva, disfarçar o medo: tudo isso causa graves prejuízos à saúde física e mental.

Sempre existem maneiras de se expressar as emoções, sem agredir a susceptibilidade ou o pudor do próximo. Por exemplo, no caso da raiva, basta, muitas vezes, verbalizá-la, soltar um "palavrão", ou mesmo bater num travesseiro, até que toda a energia se esgote.

Emoções guardadas, cuidadosamente reprimidas, controladas, silenciadas, acabam por adoecer, seriamente, a pessoa que age desta forma.

Então, espero que uma coisa tenha ficado bem clara para o leitor: tristeza não é doença, é emoção natural de quem ainda é capaz de sentir.

A diferença capital entre a tristeza e a depressão, que é uma doença, está, para mim, em dois pontos importantíssimos: na tristeza, por maior que seja a dor, não há baixa na autoestima; outra coisa: quando se está triste, o mundo parece vazio e sem sentido; já na depressão, é a gente que se sente vazio, e acha que não vale para nada, que não há nenhum sentido em nossa própria existência. A pessoa passa a dizer que não realiza nada de importante, que ninguém precisa dela etc.

Se a pessoa, apesar de estar sofrendo, mostrar-se abatida e desinteressada pela vida, não apresentar sinais de desvalia, isto é, não ficar a se lamentar, mostrando sentimentos de culpa, ela apenas está triste, e isso não é doença.

As emoções de tristeza e pesar são uma faceta intrínseca da condição humana. É necessário que, em busca da harmonia e da paz interior, que haverá de refletir-se, necessariamente, na harmonia e na paz coletiva, restauremos a humanidade das pessoas. Se você, pois, ainda suspira e sonha ao pensar em coisas como viajar, conhecer gente nova, apaixonar-se etc., esteja certo: você não tem depressão. Apenas pode estar triste, cansado, ou de mau humor, o que é supernormal.

DEPRESSÃO: UMA DOENÇA

> "Ah, a mente. A mente tem montanhas, penhascos de queda, aterradores escarpados, insondáveis ao homem.
> Desvalorizá-los pode aquele que jamais deles despencou."
>
> Gerard M. Hopkins

O ser humano é um todo. Acho impossível afirmar que algo que esteja acontecendo com ele seja apenas orgânico, psíquico ou social. Esta tríade forma o alicerce de toda a sua personalidade.

Até há pouco tempo, acreditava-se que as diversas formas de depressão eram puramente psicogênicas, isto é, não tinham nenhuma base orgânica: eram problemas de ordem emocional.

Já hoje, é quase que universal pular-se para o polo oposto, afirmando-se que toda depressão é um problema físico, de ordem médica.

Pessoalmente, acredito que só posso ter certeza de muita pouca coisa: em primeiro lugar, depressão é doença; em segundo, existem modificações fisiológicas no indivíduo deprimido. Agora, se são as emoções que provocam essas modificações bioquímicas no cérebro, ou se a verdade é o inverso, não consigo, absolutamente, afirmar.

Nós temos conhecimento de que fatores sociais também levam os indivíduos a profundas depressões. Hoje, por exemplo, no Brasil, em função das limitações econômicas, a infelicidade, a frustração e a depressão já se incorporaram de tal forma ao perfil do cidadão comum a ponto de ameaçá-lo naquilo que ele sempre teve como último recurso de vida: a esperança. E então? Como ficamos? Seriam todos esses indivíduos predispostos, organicamente, por fatores genéticos e funcionais, à depressão?

Penso que o assunto é bastante polêmico. Os médicos preferem acreditar que os deprimidos são pessoas que já nascem com perturbações nos neurotransmissores do cérebro (hormônios que fazem as sinapses, isto é, as ligações entre os neurônios). Já os psicólogos pensam que, por detrás de toda depressão, está uma série de problemas de ordem emocional, dificuldades inconscientes que provocam ansiedade nos indivíduos.

Uma coisa é certa: se não se considerar a pessoa como um todo, dificilmente se poderá chegar às raízes do mal que a deprime, pois ela, como produto de sua cultura, tenderá a manifestar as mesmas distorções presentes no mundo que a cerca.

De qualquer forma, vou procurar mostrar os sintomas da depressão, que é o que interessa aqui, e deixar para os especialistas esse tipo de discussão.

Os sintomas mais comuns da depressão são: apatia, fadiga, dificuldade de concentração, isolamento, dores crônicas e sem motivo clínico, irritabilidade, insônia ou excesso de sono, autoimagem negativa, falta de apetite e impulsos suicidas.

Na depressão severa, as características clínicas incluem uma lentidão psicomotora da fala, marcha e gestos, bem como a expressão fisionômica tipicamente deprimida. A pessoa sente que a vida não vale a pena, nada lhe dá prazer. Sente-se pior na parte da manhã. Pode apresentar uma sensação geral de fadiga associada com inquietação, dificuldade de tomar decisões, ruminações obsessivas (pensamentos repetitivos), constipação, queixas generalizadas, sensação de frio.

A hipocondria (doenças imaginárias) pode estar associada à depressão, isto é, o indivíduo não tem queixas de depressão, mas de males somáticos (sintomas de doenças que, na verdade, não existem).

Como já disse, anteriormente, o papel da autoestima é importantíssimo. A perda da autoestima provém, geralmente, da perda, real ou imaginária, de *status*, função, capacidade ou afeição. A pessoa sente uma espécie de desapontamento, um sentimento de ter sido enganada. Uma grande quantidade de raiva ou de agressão habitualmente acompanha o desapontamento, o sentimento de decepção, a baixa da autoestima, o retraimento. Às vezes, a hostilidade não é aceita pelo ego (a parte consciente e conciliadora de nossa mente) e contida como intra-agressão. Por isso, é bastante comum o sentimento de culpa no deprimido.

Por detrás da depressão, sempre costuma haver um superego (a parte de nossa mente que funciona como consciência moral) bastante severo: a pessoa é muito exigente consigo própria.

O desejo intenso de dormir (ao invés da insônia) pode ser um desejo de ser passivo e voltar à fase oral (ser bebê, ser cuidado, ter colo: sinal de carências).

É muito comum aparecer uma depressão após uma doença somática, uma cirurgia, uma incapacidade, ou depois de uma gestação.

A pessoa pode, na depressão, apresentar uma perda significativa de peso e sucessivos sentimentos de autodepreciação e ameaças ou tentativas de suicídio. A própria depressão e o gesto suicida são uma espécie de pedido de socorro de uma pessoa que não está suportando "levar a vida" sem ajuda.

Hoje, já sabemos que a depressão está entre os principais distúrbios psiquiátricos no mundo. No Brasil, estima-se que 6% da população adulta sofra da doença, ou seja, cerca de 6 milhões de pessoas. Sabe-se, também, que 2/3 desta população não recorrem à ajuda profissional, inclusive por desconhecerem o fato de que são portadores de uma doença.

Quem apresenta pelo menos cinco dos seguintes sintomas (alguns dos quais já referi antes), sofre de depressão:
- cefaleias constantes, sem causa determinada;
- problemas gastrointestinais, sem causa determinada;
- cansaço constante;
- sintomas cardiorrespiratórios, sem causa determinada;
- baixa de humor;
- perda de interesse ou prazer;
- perda ou ganho excessivos de peso;
- insônia ou hipersonia;
- agitação constante ou retardamento psicomotor;
- constante perda de energia;

- diminuição da capacidade de concentração, decisão e memória;
- ideia fixa sobre temas de morte e suicídio;
- sentimento de desamparo;
- sentimento de desvalia;
- sentimento de inutilidade e culpa;
- medos vagos;
- fobias (medos irracionais de algo específico);
- hipocondria (doenças imaginárias); ansiedade (estado constante de tensão diante de um perigo subjetivo);
- pouca esperança com relação ao futuro;
- inibições em várias áreas;
- sentimento de desespero;
- dispersão;
- tédio;
- produção reduzida;
- absorção em si próprio;
- choro constante;
- pessimismo;
- negligência quanto à aparência pessoal;
- perturbações menstruais;
- perda da libido (desejo sexual);
- lamentações constantes;
- incertezas;
- preocupações constantes;

- tremores;
- palmas de mãos suarentas;
- ao acordar, uma dor vaga, constante e insistente, início de dor de cabeça monótona e um sentimento de culpa;
- dores, boca seca, nevralgias, aperto no peito e dificuldades de deglutição (às vezes, uma queixa pode se tornar dominante).

Entretanto, se você chegou à conclusão de que está deprimido, não se assuste: a doença tem cura.

As pesquisas mostram que, geralmente, a chamada personalidade A (altamente competitiva, hostil, autoritária, não divide responsabilidades, tem objetivos definidos a serem alcançados em prazo curto) é mais sujeita ao *stress*, que é um fator desencadeador da depressão.

Já a personalidade B (pessoas que conseguem gerenciar melhor suas ansiedades e angústias, estabelecem objetivos de acordo com suas possibilidades, fazem uma coisa de cada vez e evitam competir) está menos sujeita à depressão.

O sujeito A é levado a alterações cardíacas, neurobioquímicas, altos índices de adrenalina, colesterol, fibrifogênio, testosterona e cortisol na corrente sanguínea. Trata-se de elementos químicos que o fazem "desaguar" na depressão.

Hoje, não há mais dúvida de que existem, realmente, alterações nos neurotransmissores do cérebro do doente deprimido. E essas alterações vão modificar todo o equilíbrio da relação do homem com o mundo.

Sabe-se, também, que determinadas regiões do cérebro são responsáveis pela gênese da depressão, da ansiedade e das fobias. Cada região é chamada de núcleo de Rafe, onde existe uma grande concentração de serotonina (um hormônio neurotransmissor que age sobre a atividade elétrica do cérebro).

Então, se existe na depressão um desequilíbrio orgânico, é mais do que evidente que ela tem de ser tratada quimicamente, por meio dos antidepressivos. Isso, entretanto, não invalida a ajuda da psicoterapia.

É preciso ficar bem claro que somente a terapia jamais resolverá o problema. Tanto que, nos Estados Unidos, é crime tratar de um deprimido sem antidepressivos. Os antidepressivos de última geração apresentam resultados excelentes, sem os desagradáveis efeitos colaterais dos antigos.

Com este tratamento, que dura de seis meses a dois anos, no máximo, o indivíduo estará completamente curado.

CAUSAS E CONSEQUÊNCIAS

> "A morte não fica batendo continuamente na porta apenas para ser ignorada (como os homens costumam ignorar seu envelhecimento), mas vai logo dando um pontapé, para mostrar-se claramente."
>
> Goethe

Bem, de acordo com o que falei, no capítulo passado, considera-se, hoje, como causa principal da depressão, os defeitos nos neurotransmissores do cérebro. Entretanto, já comentei, também, que o ser humano é bastante complexo e que, dificilmente, pode-se afirmar que alguma coisa de seu comportamento tenha uma origem puramente orgânica, psíquica ou social. Acredito que estes elementos estão entrelaçados sempre e é praticamente impossível isolar um deles.

Uma coisa é certa: diante de fatores comumente considerados como desencadeadores, nem todo mundo reage com a depressão, o que nos leva a pensar que deve haver uma predisposição hereditária, um fator genético predisponente para a doença. Aliás, tem-se observado a tendência familiar para tal patologia, o que vem reforçar a hipótese levantada.

No entanto, as observações nos mostram também que por trás da depressão sempre está escondido o medo da morte, que é também o medo da própria vida, já que a morte faz parte da vida. É um medo que sofre as mais complexas elaborações e manifesta-se de múltiplas maneiras indiretas, como neuroses de angústia, vários estados de fobias, estados suicidas etc. Na verdade, em qualquer desses casos, o sentimento de medo está reprimido.

O medo da morte ou o medo da vida é paralelo ao medo do conhecimento de si mesmo, pois o indivíduo sempre deseja preservar a imagem ideal que tem de si.

A chamada "couraça de caráter", expressão muito usada pelos psicólogos, é, na verdade, tão vital para nós que abrir mão completamente dela seria, talvez, correr o risco da morte ou loucura.

Também a neurose é uma defesa, uma técnica que o indivíduo desenvolve para evitar o sofrimento (embora a realidade seja mesmo o sofrimento). A tragédia da vida se refere à finitude do homem, à certeza íntima de que tudo tem um fim, e à enormidade esmagadora da vida, à impotência diante da força às vezes devastadora da Natureza. É, pois, praticamente impossível para o homem enfrentar o terror de sua condição sem certo grau de angústia.

A pessoa deprimida está tão enredada em seus receios que, muitas vezes, mal pode respirar ou mexer-se e, por isso, fica na cama, buscando a posição fetal. Ela tem medo de ser ela mesma, sente-se sem liberdade interior e como que pressionada a atender às expectativas alheias. Sob certo aspecto, morreu para a vida, mas, fisicamente, tem de permanecer neste mundo.

O deprimido não quer pagar o que a vida exige de todos: envelhecer, ficar doente, sofrer e morrer...

Se a vida da pessoa tem sido uma série de "fugas", "retiradas silenciosas", "defesas", ela acaba encurralada em um canto: isso é a depressão. O desespero está no fato de que a vida, em si mesma, é o verdadeiro problema intransponível.

A escravidão a certos pensamentos, a solidão constante, o egoísmo, costumam, também, contribuir para a ansiedade e a depressão.

Geralmente, por trás da depressão está muita frustração, muitos desejos não realizados. A mentira e a ilusão do querer e ser muito, próprios de nossa sociedade e de nossos dias, deixam, no fundo da alma, um buraco vazio, onde se agigantam e agitam os fantasmas da ansiedade e da depressão.

Outros fatores que contribuem para desencadear a depressão são: o *stress*, o perfeccionismo, o medo do fracasso ou do sucesso, desequilíbrios hormonais, falta de uma relação plena de confiança e cumplicidade, morte da mãe antes da adolescência, doenças como a hipoglicemia, a anemia, hipo ou hipertireoidismo, diabetes, esgotamento, subnutrição, a depressão imunológica, certos medicamentos, o álcool, excesso de adrenalina (hormônio liberado pelas suprarrenais, glândulas que estão acima dos rins), problemas sexuais, perdas na infância, o desenvolvimento da baixa autoestima na infância (pais que estão sempre repreendendo os filhos e nunca lhes realçam as qualidades), a "mãe má", que é exigente, repressiva, não gratifica o filho e é cheia de expectativas com relação a ele.

O *stress* é um fator desencadeante tão importante que vale a pena determo-nos um pouco na sua análise. Ele não é, necessariamente, um fator negativo. Tem, também, o seu lado positivo, pois é ele que nos impulsiona à ação.

Toda vez que há um desequilíbrio, de qualquer ordem, em nosso organismo, o próprio corpo trata de liberar hormônios que nos levam à ação restauradora do equilíbrio (homeostase). Esse estado que precede a ação é um estado de tensão. A tensão é, pois, algo normal e necessário para a nossa sobrevivência. Entretanto, quando se vive num estado permanente de tensão, como se, ininterruptamente, o mundo exterior exigisse de nós algum tipo de ação ou resposta, entramos em colapso: isso é o que se convencionou chamar de *stress*.

Aquela pessoa que identifiquei, antes, como tendo a personalidade A, é a mais susceptível ao *stress* porque vive num estado constante de competição, como se a vida fosse uma maratona, que ela não pode, em hipótese alguma, perder.

Infelizmente, a civilização contemporânea incentiva esse tipo de personalidade, levando os indivíduos a uma neurose coletiva, assustadora e predominante na sociedade consumista, neurose esta que procura esconder o desajuste, as fobias, a amargura, o ressentimento, a frustração, caindo o homem, cada vez mais, num buraco sem fundo, cujo nome é depressão.

Jogado em um mundo agressivo, no qual predominam a luta pela sobrevivência do corpo e a manutenção do status, o homem acumula todo um "lixo psicológico", não digerível, não descartável, avançando apressadamente para a depressão. Receando ser ele mesmo, torna-se pessoa-espelho a refletir as conveniências e expectativas dos outros. Nesse contexto, a fuga aturde, a ignorância amedronta, o desconhecido produz ansiedade, tudo isso estados de sofrimento. Não conseguindo "driblar" a vida e alcançar o sucesso, a amargura acaba por dominar o indivíduo, o ressentimento o enfurece e a frustração, longamente adiada, assoma e conduz à depressão.

As fases da adolescência, menopausa e andropausa, assim como a velhice, são fatores desencadeadores tão importantes que prefiro falar sobre eles em capítulos especiais.

Quero, ainda, lembrar alguns fatores acerca da depressão:
- seu conteúdo e forma são influenciados pela cultura;
- ela é mais frequente nos grupos socioeconômicos privilegiados;
- é mais comum entre as mulheres;
- é própria das pessoas muito rígidas, retas, íntegras, pontuais, responsáveis, com pouco senso de humor, taciturnas, submissas, meticulosas, super-conciliadoras, polidas e obsequiosas;
- o álcool, as drogas, o consumismo, o sexo exagerado, costumam ser formas de mascarar a depressão;
- também as queixas físicas constantes são uma maneira de mascarar a depressão (criptodepressão). Na verdade, 20% deste tipo de pacientes são deprimidos;
- a doença manifesta-se, com maior frequência, por volta dos 30 anos;

- o alcoolismo, que também é uma consequência da depressão, atinge, hoje, cerca de 12 milhões de brasileiros.

A consequência mais séria da depressão é o suicídio. Não se deve desprezar as ameaças de suicídio vindas de uma pessoa deprimida. As vítimas bem-sucedidas de suicídio haviam, previamente, ameaçado ou tentado. Quase metade dos que tentam o suicídio costumam suicidar-se três meses depois de terem passado por uma crise emocional e quando já pareciam estar a caminho da recuperação.

Geralmente, quem ameaça é mais perturbado emocionalmente do que aquele que tenta. As ideias suicidas podem, muitas vezes, ser expressas sem o desejo ou intenção de morrer realmente; o que a pessoa aspira é, na verdade, à chance de dormir sem preocupações.

As mulheres ameaçam mais, assim como depois tentam o suicídio. Entretanto, o maior número de suicídios efetivos ocorre entre os homens, e cerca de 25 a 40% de todos os suicídios são cometidos pelos idosos.

A depressão não tratada costuma, também, ser responsável por 15% da mortalidade natural, pois parece levar ao aumento das doenças cardíacas, ao câncer e às infecções.

Cresce assustadoramente, em nossos dias, o número de suicídios entre adolescentes.

A pessoa deprimida evita a possibilidade da independência e de mais vida, precisamente porque são esses fatores que a ameaçam com a destruição e a morte.

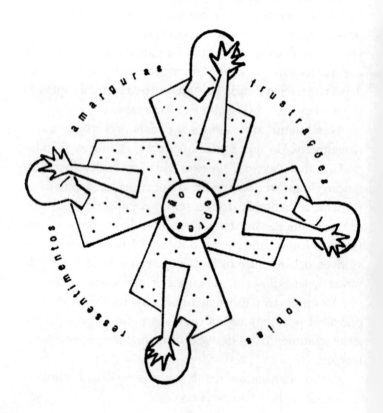

O que é depressão 29

Adler (discípulo de Freud) já revelava quão perfeitamente a depressão era, para ele, uma questão de coragem; como se forma em pessoas que temem a vida, que renunciaram a qualquer coisa parecida com o desenvolvimento independente e entregaram-se, totalmente, aos atos e ajuda dos outros. Claro que isso é apenas uma opinião dele e a experiência mostra que nem todo deprimido apresenta esse tipo de comportamento.

A depressão resume, enfim, tanto o terror da vida e da morte quanto o desejo de imortalidade. Até que ponto pode-se fazer algo que deixe marcas em nossa passagem pela Terra?...

Concluindo, pois, fatores sociológicos, pressões psicológicas, impositivos econômicos, distúrbios orgânicos levam ao medo, à hostilidade e à depressão.

O medo anula as aspirações de beleza, idealismo, afetividade, relacionamento. Ele é paralisante, um fator dissolvente na organização psíquica, predispondo à somatização.

Podemos nós, com uma teia de relacionamentos que nos castram, nos amordaçam, com o grito preso na garganta e no peito, músculos tensos, nervos "à flor da pele", viver uma vida produtiva e rica? O caminho de tudo isso é um só: a depressão.

IV
AS MÁSCARAS E OS TIPOS DE DEPRESSÃO

> "Temos de mergulhar na experiência e depois refletir sobre o significado dela. Só refletir leva-nos à loucura, só mergulhar, sem reflexão torna-nos brutos."
>
> Goethe

Tenho falado sobre o fato de que a depressão costuma se apresentar disfarçada.

Ela é uma doença orgânica: não o podemos negar.

Entretanto, é certo que suas consequências são maiores na área psíquica ou emocional.

A verdade é que nascemos entre urina e fezes e o homem tem horror à sua condição animal básica. Isso cria nele a angústia, que se manifesta de diversas maneiras.

A liberdade, que teoricamente ele tanto busca, é, na realidade, um peso terrível que ele tem de carregar, pois implica uma enorme dose de responsabilidade. Assim, ele procura as mais diversas formas de fuga.

Sabemos que 4% da humanidade apresentam manifestações ansiosas e que, dentre elas, 1 % se revela como fobia.

A fobia, uma das grandes máscaras da depressão, é uma reação ansiosa diante de medos inconscientes e que pode provocar náuseas, vômitos, taquicardia. Ataques agudos de fobia, os quais costumamos designar "doença do pânico", apresentam-se, às vezes, como verdadeiros ataques cardíacos. A pessoa frequentemente tem pavor, por exemplo, de expressar-se em público, expor-se de alguma forma, e até de atravessar uma rua.

Nossa cultura, altamente contraditória, exerce uma pressão violenta sobre as pessoas, que acabam sentindo-se eternamente ameaçadas: exige-se muito delas, ao mesmo tempo em que são coisificadas, alienadas e consideradas apenas como mercadorias e forças produtivas. A cultura tira a identidade da pessoa e, assim, atacada em sua essência, ela desaba em uma série de manifestações emocionais, que assomam nas mais diversas formas, mas que, no fundo, não são senão o "buraco negro" da depressão.

As doenças depressivas podem ser precipitadas por situações ambientais, mas evoluem e acabam adquirindo vida própria. Não adianta dizer ao deprimido para parar de se preocupar, descansar etc. Nenhum estímulo é capaz de provocar-lhe a melhora. Diante da depressão só há um caminho: procurar o especialista.

Mas, continuando com relação às máscaras da depressão, é muito comum o deprimido afogar-se no trabalho, no consumismo exagerado etc., procurando sempre esconder de si e dos outros a sua verdadeira ferida: a depressão. E por trás da doença está, como já disse, um medo inominável, ilimitado e abissal...

O paciente apresenta-se com a mente dilacerada, dividida por resistências. Sucumbe às mesmas dificuldades que são superadas, com êxito, por pessoas normais.

A inibição, em qualquer área, pode também ser um disfarce da depressão e manifestar-se como dispneia, palpitações, fadiga, tonteira.

Há vários tipos de depressões. Há a depressão grave, a crônica, a involutiva, a cíclica, a bifásica ou bipolar, alternada com crises de mania (euforia exagerada e sem causa), o desvio funcional depressivo, a depressão vital e a depressão anaclítica.

Já comentei sobre a depressão grave, a crônica (que é a mais fácil de ser tratada), e sobre a involutiva (da velhice) falarei mais adiante. A cíclica é aquela que se apresenta de quando em quando, alternando com fases de perfeita normalidade. Na bifásica ou bipolar, o paciente alterna fases de depressão com fases de mania. No desvio funcional depressivo, o indivíduo desperta, às vezes, na madrugada, sente agravamento dos sintomas pela manhã, tem boca seca, extremidades frias, pele seca e outros sintomas comuns à depressão.

A depressão vital é aquela sem razão aparente, em que o paciente é uma pessoa esvaziada, que "entregou os pontos". A anaclítica é a depressão constatada em bebês que são separados da mãe e apresentam aflição, choro, gritos, apatia, inapetência e que pode, inclusive, levar à morte.

Bem, terminando esta reflexão, gostaria de lembrar que o autoconhecimento é o grande desafio. Ele é imprescindível. Só enfrentando nossas verdades podemos ficar livres das amarras das neuroses e aí, então, a longa noite, que tanto nos constringe, pode transformar-se em uma nova alvorada.

A ADOLESCÊNCIA

> "No mais fundo de nossa alma ainda somos crianças e assim o permaneceremos para a vida inteira."
>
> Ferenczi

Talvez você se pergunte: por que falar em adolescência, quando o assunto é depressão? Porque, cada vez mais, em nossa cultura, os adolescentes estão apresentando essa patologia.

A adolescência é, sem dúvida, uma época de luto: luto para os jovens e luto para os pais. Os jovens perderam toda a esperança e as ilusões da infância e o seu próprio corpo de criança. Já os pais perderam o seu filho-criança.

O que é depressão 35

Entrar na adolescência dói e dói muito. Principalmente numa sociedade tão complexa, confusa e competitiva. Por isso, às vezes, o adolescente chora sem saber por que, sem sentido aparente. Ele não está preparado para as perdas e as cobranças que lhe são feitas.

Durante toda nossa vida, duas forças se antagonizam dentro de nós: a força que nos leva a preservar a nossa individualidade, a nossa ânsia de sermos únicos e separados, originais, de termos independência e livre-arbítrio; e a força que nos impele para o outro, para o grupo, e que nos obriga, a fim de conseguirmos a aprovação e a afiliação desejadas, a nos submetermos e nos conformarmos com imposições que vêm de fora e que nos restringem e nos limitam.

Durante o período de desenvolvimento, temos várias crises, em que essa força de preservação da individualidade nos domina de tal forma que nos leva a uma ânsia de afirmação e a rebelarmo-nos contra qualquer força oposta que queira nos restringir. A adolescência é, talvez, a mais violenta de todas as crises.

Na adolescência, há uma revolução completa no indivíduo e desintegra-se o seu padrão de personalidade. Modificações importantes, no campo físico, emocional, social e mental vão colocar o adolescente em desequilíbrio e repercutir, seriamente, em seu processo de ajustamento.

O significado maior da adolescência será, então, de rompimento, reconstrução, expansão e afirmação. Há, pois, uma espécie de morte. Aliás, diz Krishnamurti, escritor indiano, que só quando morremos cada dia, para tudo que é velho, é que pode haver o novo. E é este o significado primordial da fase: a morte para o que é velho, para o que foi aceito sem crítica, a fim de se construir a própria identidade.

A primeira condição para que o indivíduo esteja bem com o mundo e com as pessoas é estar bem consigo próprio, o que significa gostar de si, de seu corpo, aceitar-se e ter autoconfiança, o que é bastante difícil para o jovem que, nessa fase, tem um corpo que demora a se definir, tateia num mundo novo e não sabe como responder às demandas que lhe são feitas.

O mundo atual se apresenta confuso, cheio de sofrimento, ansiedade e medo. A sociedade tecnológica enfatiza a conformidade, a institucionalização; idealiza a organização do homem, destrói a individualidade. A crise do homem contemporâneo é uma crise de identidade em face do próprio cosmo.

Se a adolescência significa, basicamente, uma crise de identidade, pergunto: como encontrar a si mesmo e afirmar-se em um mundo tão inconsistente, que não oferece modelos atraentes e significativos e com pontos de apoio seguros?

O jovem sente a nossa sociedade como altamente hostil e percebe o mundo adulto com desconfiança, falta de expectativas elevadas, esperanças ou sonhos.

Todas as áreas de desenvolvimento do adolescente envolvem conflitos. Um adolescente sozinho é bastante frágil. Às vezes, não suporta o nível de tensão que o meio provoca, o nível de pressão, por não ter sua identidade. Na verdade, ele está em busca dessa identidade e o processo é doloroso.

A época atual é especialmente complexa para os adolescentes porque o nível de competição está alcançando patamares elevadíssimos. Desde a infância, já existe o que é conhecido por "síndrome do pequeno empresário".

Atividades múltiplas, excesso de compromissos acabam por gerar no adolescente um nível de tensão interior de difícil manejo.

As queixas dos jovens costumam referir-se ao controle dos pais, falsidade dos adultos, mensagens confusas dos veículos de comunicação, professores mal preparados que ensinam coisas que eles consideram idiotas, egoísmo dos adultos etc. E eles têm, sempre, solução para tudo...

Tanto problema para uma cabeça sem grande preparo, às vezes, num ambiente hostil, sem estímulo, assistência e solidariedade, acaba por levar o jovem, principalmente se já tem predisposição hereditária, à depressão.

Os números de suicídio, que aumentam, assustadoramente, entre os jovens, provam bem o que acabei de dizer.

No ano de 1990, nos Estados Unidos, aproximadamente 5 mil jovens tiraram suas vidas e cerca de 500 mil tentaram fazê-lo. Isso é um grito de socorro violento, uma prova evidente de que nós adultos não estamos tendo condições de orientar os jovens.

Os motivos que mais frequentemente levam os jovens ao suicídio são: dificuldades para enfrentar o amadurecimento (22%), o uso de drogas (20%), a opressão (16%), problemas com os pais (14%), notas escolares (33%), dúvidas quanto à carreira (25%).

As moças sofrem mais de depressão do que os rapazes. Um estudo de quatro anos com 1.700 jovens, entre 12 e 17 anos, na Universidade de Bielefeld, Alemanha, mostrou que a excessiva pressão sobre os adolescentes leva-os à ansiedade e à depressão, provocando nas moças, principalmente, dores de cabeça, nervosismo, insônia e distúrbios gástricos; já os rapazes reagem com hostilidade, agressividade e violência.

Se a depressão cresce entre os adolescentes é como uma resposta à sua percepção do mundo. Percebem-no fadado à violência, à destruição, à imoralidade. Costumam perder a fé nos pais e na sociedade. Sentem que o sistema é forte demais e que nada podem fazer para modificá-lo, que são impotentes diante do rumo que o mundo toma.

Amor, compreensão, diálogo, estímulo, presença, solidariedade, honestidade parecem ser os melhores elementos para a convivência com o adolescente, a fim de que ele possa vivenciar a crise, sem cair em depressão.

Precisamos mostrar a ele que a vida tem sentido, que as coisas podem ser mudadas e que todos nós, num trabalho individual e coletivo, ainda podemos voltar a sonhar e ter esperança. É claro que uma vida sem perspectivas, numa fase difícil como a adolescência, só pode, com certeza, levar a pessoa à mais profunda depressão. Entretanto, antes de termos condições de transmitir para os nossos adolescentes uma mensagem de fé e esperança na vida, é preciso que façamos um trabalho conosco mesmos, acreditando de verdade nisso, pois os adolescentes, assim como as crianças, são bastante perceptivos: não adianta falarmos de coisas em que não acreditamos e nem adianta pregar aquilo que não vivemos.

A MENOPAUSA E A ANDROPAUSA
VI

> "Donde está el niño que yo fui
> sigue adentro de mi o se fué?
> Sabe que no lo quise nunca
> y que tampoco me queria?
> Por que anduviamos tanto tiempo
> creciendo para separarmos?..."
>
> Pablo Neruda

Fala-se muito em menopausa e pouco na andropausa, que é seu correspondente no homem. As causas são bem evidentes: na primeira, a mulher tem um ciclo mensal e um ciclo de vida reprodutiva que terminam; na segunda, o machismo tem impedido a discussão dos problemas do homem maduro, como se eles não existissem.

A menopausa é a cessação das regras, que se dá, geralmente, entre os 50 e os 55 anos. Mas há um longo período, cerca de dez anos mais ou menos, que precede e procede a esse fato e que é chamado de climatério. Todo o período do climatério é marcado por uma série de fenômenos, sendo, talvez, o mais sério, a depressão.

Os hormônios produzidos pelos ovários regulam várias funções na mulher: a elasticidade e tonicidade da pele, o brilho dos cabelos, a lubrificação e a elasticidade da vagina, a sensibilidade geral e, principalmente, do clitóris, a libido (desejo sexual); também estimulam uma região do cérebro responsável pela regulação da temperatura etc.

Com a falência dos ovários e, portanto, a diminuição gradativa de seus hormônios, uma série de fenômenos começa a aparecer: ondas de calor e frio, sudorese, insônia, falta de apetite sexual, impotência orgástica etc. Até alguns anos atrás, a medicina pouco se preocupava com estes distúrbios, pelo simples fato de que a média de vida das pessoas era bem mais baixa e poucas mulheres chegavam a atingir esse estágio. Hoje, porém, a média de vida cresceu bastante e uma mulher, nessa fase, ainda tem muito que viver pela frente. E é preciso que ela tenha uma boa qualidade de vida: daí a preocupação, hoje, da medicina com o assunto.

Atualmente, portanto, a mulher não tem de passar, necessariamente, por estas coisas desagradáveis: basta uma assistência médica adequada, que vai suprir a falta dos hormônios naturais pelos sintéticos (medicamentos) até o fim da vida, prolongando a juventude, evitando os incômodos e permitindo à mulher gozar, talvez, do melhor período de sua vida e, inclusive, de sua sexualidade.

É bom lembrar que, não se sabe como, algumas mulheres escapam dos incômodos referidos. Uma tese é que, talvez, elas produzam maior dose de testosterona (hormônio predominantemente masculino) do que dos esteroides (predominantemente femininos).

Uma coisa é certa: quase ninguém escapa da depressão nessa fase. Tanto que o risco de suicídio, para as mulheres, está entre 50 e 54 anos e para o homem por volta dos 60.

Temos conhecimento de que os hormônios sexuais têm profunda ligação com a serotonina (aquele hormônio neurotransmissor, sobre o qual já falei antes). Se é assim, fica fácil compreender por que, com a queda dos hormônios, que também se dá nos homens, embora não na mesma proporção, a depressão se instala. É que a queda dos hormônios sexuais vai provocar distúrbios na produção da serotonina. Esta é a causa orgânica. Existem, todavia, muitos motivos psicológicos e sociais.

A nossa sociedade valoriza, excessivamente, a beleza feminina e a virilidade masculina. Nessa fase, então, quando tanto a mulher como o homem começam a apresentar mudanças em sua aparência física (linhas no rosto, flacidez, cabelos brancos etc.), se não desenvolveram valores consistentes entram, realmente, em pânico, o que os levará fatalmente à depressão.

No desespero que costuma tomar conta de ambos, as mulheres procuram todos os meios para se livrarem dos sinais de envelhecimento e os homens buscam estímulos extras (mocinhas, filmes eróticos etc.) para suprir a diminuição de sua resposta sexual.

Na verdade, os que mais sofrem são aquelas mulheres para quem a beleza era de suma importância e os homens para quem o machismo desempenhava papel primordial.

Cada fase da vida tem a sua beleza, seus encantos e, também, seu sofrimento. O equilíbrio emocional vai depender muito de se aceitar a vida como ela é, e não como a gente gostaria que fosse.

Na maturidade, homem e mulher ainda têm muitas potencialidades a desenvolver e têm a vantagem sobre os jovens de saberem lidar melhor com a vida, as pessoas, as perdas, consigo mesmos, com suas fraquezas e limitações e, inclusive, com sua própria sexualidade. Esta pode ser, pois, uma fase muito feliz, em todos os sentidos, desde que se lhe aproveite a riqueza. A produção intelectual pode ser maior e os relacionamentos amorosos mais bem-sucedidos.

É claro que se a mulher começa a se comparar com as lindas mocinhas que aparecem no vídeo, e fica no espelho contando novas linhas e cabelos brancos que aparecem, e se, despojada das responsabilidades para com os filhos, entrega-se à ociosidade, só poderá, fatalmente, cair em depressão. Também os homens, se continuam querendo ter a mesma ereção dos 20 anos, o mesmo ritmo de vida sexual e até o nível de atividade física geral, tornar-se-ão desalentados.

Esta é a época em que, pela experiência de vida, pela vivência, pode tornar-se a mais produtiva. É evidente, no entanto, que para muitos ela não tem tal significado porque a depressão passa a ser o fantasma que coloca a pessoa acuada, tolhida, imobilizada.

A mulher, então, começa a se encolher na cama, a se arrepender de uma série de coisas que ficaram para trás, a se culpar de tudo que não deu certo. Chora facilmente, desespera-se por coisas de pouca monta e explode à toa.

Já os homens, principalmente se aposentados, vestem um pijama, ficam horas sentados em uma cadeira a relembrar o passado, lamentando aquilo que poderiam ter feito e para o que pensam não mais ter tempo ou oportunidade.

É verdade: a descida começou. E daí? Vamos descer como subimos, procurando crescer a cada dia, realizar novos projetos, sonhando sempre. Por que não?

Uma coisa não pode ser esquecida: a assistência médica e psicológica. Sinto-me até envergonhada de falar nesse tipo de necessidade num país como o nosso, onde o povo mal tem condições de sobreviver. Entretanto, não posso deixar de fazê-lo. Aqueles que estão em depressão precisam de medicamentos e apoio psicológico. Esse é um direito de qualquer cidadão. E, se isso ainda não acontece, precisamos trabalhar para mudar a realidade social.

VII
A VELHICE

> "O espírito do homem pode aguentar a sua enfermidade física, mas quanto ao espírito abatido, quem o pode suportar?"
>
> Provérbios 18:14

A depressão senil, ou involutiva, é um problema sério em todo o mundo, mas, em especial, em países como o nosso, onde é negada ao velho a oportunidade de ser produtivo, de viver com naturalidade e dignidade.

O idoso sofre por falta de comunicação significativa ou de atenção. A consciência que ele tem de seus defeitos cognitivos, de suas enfermidades, de suas limitações, das mudanças físicas e sexuais, acabam por baixar-lhe a autoestima e desenvolver uma raiva que volta contra si próprio.

A distração e o esquecimento costumam ser os principais problemas dos idosos. Mas eles se relacionam muito mais com a depressão do que com as mudanças no cérebro.

Ocorre um acúmulo de lembranças e, muitas vezes, de objetos que são, para eles, a ligação com o passado, a resposta aos seus sentimentos de perda.

Os velhos costumam, também, fazer acusações bizarras, como apresentar ideias persecutórias, que nada mais são senão a sua necessidade de contato.

Preocupam-se com o corpo porque este tende a funcionar menos facilmente e sua deterioração e alteração são um sinal visível da identidade do sujeito.

A doença, comum nessa fase, tende a levar a distorções de percepção e à preocupação excessiva com a imagem corporal. O indivíduo apresenta, às vezes, ideias irracionais e noções excêntricas referentes ao funcionamento corporal, à saúde e remédios, podendo ser tratado melhor pela informação e educação.

Mostra, também, confusão e falta de orientação quanto ao tempo, lugar e pessoas. Apresenta, ocasionalmente, delírios e alucinações, que são apenas tentativas de lidar com seus medos, ansiedades, desesperança e desamparo.

Antigos medos adolescentes podem reaparecer, assim como o choro fácil, estados maníacos (com comportamentos considerados inadequados, provocando constrangimento na família), censuras e perguntas repetidas, negação da realidade, regressão emocional e física. O egoísmo pode ser uma expressão da hostilidade (raiva de ficar velho) e ciúme dos jovens.

No campo sexual, o velho pode apresentar fantasias, assim como sentimentos de sexualidade anteriormente reprimidos tais como tendências homossexuais que estavam latentes.

Os conflitos mal-resolvidos, o desconhecimento dos próprios sentimentos, dos desejos, dos anseios, bem como os fracassos, as perdas, o pânico, levam-no à depressão.

A doença psiquiátrica mais comum em pessoas com mais de 65 anos é a depressão. Ela resulta de alterações hormonais, do próprio medo de envelhecer e de morrer, da perda da função social, das mudanças no *status* familiar e relações socioculturais, dos sonhos que não se realizaram e da pouca possibilidade de que venham a se realizar, daí por diante. O indivíduo sofre de solidão, tem sentimentos de inutilidade e vê falta de sentido na vida.

O cérebro dos homens parece se deteriorar mais depressa do que o das mulheres, perdendo, especialmente, as células que regulam a linguagem, o raciocínio e a capacidade de ser feliz.

Um novo estudo, envolvendo imagens da alta tecnologia dos cérebros de 69 homens e mulheres, parece indicar que as mulheres têm maior probabilidade de permanecerem lúcidas à medida que envelhecem, e talvez isso explique por que os homens se tornam mais infelizes na velhice.

Esse estudo, feito pelo dr. Rubem Gur, da Universidade da Pensilvânia, na Filadélfia, mostra claramente a morte das células cerebrais à medida que as pessoas envelhecem. Usando um processo conhecido como ressonância magnética, Gur e seus assistentes constataram que tanto velhos como jovens, homens como mulheres, perdem células cerebrais no decorrer da vida. Entretanto, o índice de morte, chamado de atrofia, é cerca de três vezes mais alto nos homens do que nas mulheres.

Além disso, os homens possuem uma tendência maior a perder as células da superfície altamente desenvolvida do cérebro, onde, se acredita, são elaboradas as funções cognitivas de alta especialização, como raciocínio, planejamento, cálculo, conceitualização, e menor no centro do cérebro, setor mais ligado a fatores emocionais e de sobrevivência.

Enquanto as mulheres perdem a mesma quantidade de células em ambos os hemisférios do cérebro, os homens perdem duas vezes mais do lado esquerdo, por isso tendem a sofrer mais crises de depressão e choram com frequência.

Seja como for, a realidade é que, na velhice, o indivíduo, além dessas alterações orgânicas, além dos problemas sociais, sente-se abalado por uma série de fatores e, sobretudo, por problemas ligados à mais sublime vivência humana e afetiva do indivíduo: a sexualidade.

Viver não é o bastante, todos nós sabemos. É preciso, também, viver bem. E a sexualidade é uma área de prazer e alegria. Toda pessoa que vive sadiamente a sua sexualidade tem mais energia e alegria de viver.

Se o ser humano pudesse ser protegido contra todo o desgaste que a vida contemporânea provoca, poderia chegar à velhice com plena capacidade sexual.

No entanto, as pressões sociais, os preconceitos e as variadas crenças irracionais vêm restringindo, ao longo do tempo, a possibilidade de que esta vida sexual possa ser ativa, de tal forma que o velho acaba aceitando o fato de ser "assexual", reprimindo-se completamente.

É preciso informar ao velho que é natural que ele tenha desejo sexual e que deve realizar-se, de alguma forma. Negar-lhe isso é condená-lo, mais depressa, à depressão e à morte.

Muitas vezes é a sexualidade reprimida que se manifesta em hipocondria, ansiedade, fobias, queixas constantes, preocupações irracionais.

Está mais do que comprovado que uma pessoa sadia, sem bloqueios de ordem psicológica, com uma vida equilibrada, pode, perfeitamente, ser ativa, sexualmente, até os 80 anos.

Esta é uma questão muito relevante, que não pode ser ignorada. Aliás, em qualquer período da existência, a falta de uma vida sexual normal e regular, a falta de intimidade plena com um parceiro, tira muito da alegria de viver e costuma levar o indivíduo à depressão.

Não podemos esquecer também que, nesse período, há sempre um balanço de vida, e isso muitas vezes abate a pessoa que sente não ter realizado grandes coisas e sofreu muitas perdas.

Sabemos que fatores culturais, sociais, religiosos, educacionais e outros têm influência no processo de envelhecimento, como em outras fases da vida. Uma coisa, porém, não se pode deixar de considerar: se a depressão se manifesta, não interessa a sua origem ou suas explicações; o que importa é que existem alterações orgânicas que têm de ser tratadas, a fim de melhorar a qualidade de vida do idoso.

Além do que já foi citado anteriormente, percebe-se nos deprimidos, principalmente nos idosos, aumento de cortisol e alteração do metabolismo do Sódio, potássio, magnésio etc., elementos que fazem parte de nossa constituição orgânica.

A atividade física, o magnésio (encontrado no limão, na maçã, nas verduras e no milho), a conservação da independência, tanto quanto possível, a satisfação das necessidades de dependência (sem retornar, desnecessariamente, a um comportamento infantil), o contato com crianças e animais domésticos, a maior convivência social, o desenvolvimento de alguma atividade — tudo isso pode ajudar o velho, proporcionando-lhe maior gratificação na vida e, portanto, diminuindo as possibilidades de depressão.

Não posso terminar o capítulo sem lembrar que existem velhos que conseguem chegar até uma idade avançada plenamente produtivos, sem grandes mazelas e com alegria de viver, o que é mais importante. Acho que tudo isso não depende apenas da constituição, mas da maneira como eles viveram tudo que ficou para trás.

OS DRAMAS EXISTENCIAS

> "Ah, meu caro, para quem está só, sem Deus,
> nem qualquer senhor, o peso dos dias é pavoroso."
> Albert Camus

Viver é uma fascinante aventura. A vida é cheia de beleza, mas também é uma tragédia: isso está claro para quem quer que tenha suficiente inteligência e sensibilidade para percebê-lo.

Aliás, tive oportunidade de ouvir um grande e conhecido psiquiatra dizer: "A vida só é sempre alegre para os tolos. Existem pessoas que têm grande inteligência, mas não têm sensibilidade, assim como a recíproca. Quando, porém, o homem é dono de grande inteligência e grande sensibilidade, pode ter muitos momentos alegres, mas jamais deixará de ter, no fundo de sua alma, um traço de melancolia".

Por que seriam o mundo e a vida tão terríveis para o animal humano? Por que o homem se dedica, com tanto empenho, na busca de recursos que o habilitem a enfrentar esse terror franca e bravamente?

Isso porque ele é dual, é bipartido: tem consciência de que pode voar, mas que, também, é um verme; tem consciência de sua esplêndida e extraordinária originalidade e de que, um dia, apesar de tudo que tenha realizado, estará sob uns poucos palmos de terra, apodrecendo e desaparecendo para sempre.

Ele tem uma carne que dói, sangra, definha e morre. Essa é uma realidade que, por mais artifícios que use para ignorá-la, ele não desconhece e o apavora. Tanto que a maioria das pessoas evita cuidadosamente assuntos que possam fazer lembrá-la disso. Há aqueles que, quando se conversa sobre as novas descobertas da astronomia ou da física quântica, sobre discos voadores, fenômenos paranormais, doenças ou morte, simplesmente entram em pânico e, às vezes, passam mal. Por quê?

Porque lhes amedronta a possibilidade da grandiosidade da vida e do desconhecido...

José Ortega y Gasset (filósofo e sociólogo espanhol) dizia: "A vida é, no começo, um caos no qual a pessoa se acha perdida. O indivíduo desconfia disso, porém tem medo de ver-se, face a face, com tão terrível realidade e procura ocultá-la com uma cortina de fantasia, onde tudo está claro. Não o preocupa se suas ideias são verdadeiras ou não, pois ele as emprega como trincheiras para a defesa de sua existência, como espantalhos para afugentar a realidade".

Desde que o homem é um animal ambíguo e tem consciência de tudo que possa lhe acontecer, nunca poderá abolir, inteiramente, a angústia, a não ser que viva com os olhos no chão; o que pode fazer é usar essa angústia como mola propulsora para crescer em novas dimensões de pensamento.

Eu, pessoalmente, acredito, assim como tantos grandes homens da estirpe de Jung, Otto Rank (ambos discípulos de Freud), Kierkegaard (filósofo dinamarquês) e outros, que a fé e o ideal apresentam uma nova missão para a vida, a aventura da abertura para uma realidade multidimensional, pois, a despeito de nossa insignificância e fraqueza, a existência pessoal passa a ter um sentido definitivo porque existe dentro de um projeto eterno e infinito.

A fé, para quem a tem, destrói a, mentira do caráter, que obriga o homem a fazer-se de herói no plano social, e abre o seu coração para o infinito. Assim, sua vida passa a ter um sentido definitivo, ao invés de, simplesmente, um valor cultural, social e histórico.

Otto Rank pensava que a busca da fé é fruto da genuína aspiração pela vida, um esforço para obter a plenitude de sentido.

Muitos filósofos e psicólogos acreditam que toda a nossa melancolia não ocorre por fatos externos, mas pelo nosso próprio e iminente falecimento. É o luto por nós mesmos. Talvez seja importante que, em vez de evitar pensar na morte, procuremos reconhecê-la como uma realidade, dando-lhe lugar em nossas reflexões cotidianas, em lugar de suprimi-la. A verdade torna a vida mais tolerável e com mais sentido. Assim, em vez de ela nos surpreender, encontrar-nos-á prontos para recebê-la, pois já curtimos o luto por nós mesmos e aprendemos a aceitá-la como algo inexorável que é, apenas, o fim de um ciclo.

Logo que o homem toma consciência de si e começa a filosofar sobre problemas eternos como vida e morte, princípio e fim, o significado de uma rosa, uma serpente ou uma constelação, ele se atrapalha e, fatalmente, se deslumbra e se entristece. Aliás, diz Cyro dos Anjos, o grande escritor brasileiro: "as coisas belas nos provocam suspiros e não alegres impulsos".

A maioria dos homens, no entanto, se poupa a essa dificuldade, fixando o pensamento nas coisas corriqueiras da vida, no terra a terra, nos problemas que a sociedade traça para eles.

A inteligência acima da média e a grande sensibilidade tornam a vida mais pesada e difícil, porque o homem acaba por transcender esta dimensão e entra no terreno da metafísica (parte da filosofia que trata de problemas que estão além dos existenciais), sente o absurdo da vida, depara-se com todas as impossíveis limitações e frustrações da matéria viva.

Não há nada, absolutamente nada, que possa dar alegria e esperança ao homem senão a fé em algo, como em seus próprios sonhos ou ideais. Ele tem apenas dois caminhos para suportar o peso da existência: ou se anestesia, de alguma forma, ou se volta para a fé em algum ideal.

Quando falo em fé, não me refiro, necessariamente, a uma religião e nem tampouco à religiosidade, mas a uma realização interior lúcida, que apenas se consegue por meio da coragem de se emergir do cotidiano e buscar a própria identidade. Agora, é claro que, para muitas pessoas, esse processo pode levar a convicções de ordem religiosa. No entanto, mais do que tudo, eu me refiro à fé em si mesmo, na vida, no outro. Uma crença capaz de impregnar a vida de alegria e esperança, plenificando o homem e libertando-o da solidão, do medo, e, portanto, do caminho da depressão.

Ninguém passa pela vida ileso. Nascer dói. Viver dói. Morrer dói. Por mais que a ciência avance, as doenças continuam a existir e a morte continua sendo a única certeza. O absurdo dessa realidade deixa-nos perplexos e faz-nos mergulhar na tristeza, certos de que, pouco a pouco, perderemos todos os entes amados e, um dia, nós mesmos partiremos e deixaremos para trás tudo aquilo por que lutamos e construímos.

Os dramas existenciais, portanto, por mais que se tente negá-los, existem para todos: maiores para uns, menores para outros, mas estarão sempre presentes.

Há, porém, uma diferença capital entre a tristeza, que às vezes cai sobre a pessoa que se debate nos dramas da existência, e a depressão, que toma conta daquelas que realmente não podem suportar todo o peso da vida e acabam por sucumbir. Nesse caso, temos a doença sobre a qual venho falando e que exige tratamento adequado.

Os sintomas neuróticos, como a depressão, servem para, magicamente, transformar o mundo, de modo a tornar a vida tolerável. Acontece que, nesse processo, o homem acaba se enredando numa teia que o estrangula, criando mais sofrimento. É muito duro para o homem comum ostentar, diariamente, uma aparência de tranquilidade e normalidade. Quando a tática da máscara falha, e ele se vê ameaçado de ter a sua mentira vital desvendada, é bastante lógico ceder à sua própria versão de desfalecimento, caindo em uma fuga para a depressão.

Talvez nos sirva de consolo lembrar que gigantes como Freud e Jung se esquivavam e, muitas vezes, desmaiavam, ao simples ato de comprar uma passagem para viagem. O desconhecido nos aterroriza e, nesse momento, não importa se o sujeito é analfabeto ou um grande cientista...

O filósofo Kierkegaard acreditava na importância de um ideal. Ele dizia que o grande vigor de um ideal é permitir à pessoa ser franca, generosa, corajosa, tocar na vida dos outros e enriquecê-los. Se existe uma trágica restrição à vida, também há possibilidades. O que chamamos de maturidade é a capacidade de ver ambos os casos em alguma espécie de equilíbrio ao qual possamos nos ajustar criativamente.

Muitos, incapazes de enfrentar a vida sem muletas, vivem a buscar gurus. E o guru psicológico virou moda entre a burguesia. Como diz Eduardo Mascarenhas, conhecido psicanalista brasileiro: "é indiscutível que existe uma psicologização crescente em nossa sociedade". Acontece, entretanto, que a psicologia cometeu um grande erro: o de colocar toda a causa da infelicidade pessoal no próprio indivíduo, na sua história de vida, esquecendo os problemas existenciais e históricos em seu sentido mais lato.

IX
VENCENDO A DEPRESSÃO

> "A pessoa sadia, o indivíduo verdadeiro, a alma que percebeu a si mesma, o homem real é aquele que transcende a si próprio."
>
> Ernest Becker

A hereditariedade não é, necessariamente, uma fatalidade. Portanto, a tendência genética para a depressão pode não se manifestar, dependendo do ambiente em que o indivíduo for criado e do tipo de vida que ele leva.

Erik Erikson, um psicólogo americano, de origem alemã, acreditava que o primeiro ano de vida e, principalmente, a fase de amamentação teriam um significado todo especial para a maneira futura através da qual o indivíduo veria a vida.

Ele dizia que, normalmente, os pessimistas (portanto, aqueles mais sujeitos à depressão) geralmente não foram amamentados no seio até se saciarem e não tiveram um contato físico forte com a mãe.

A mãe amorosa, que amamenta o filho, que o acalenta, que coloca seu corpo em contato com o corpo do bebê e que procura atendê-lo, prontamente, em suas necessidades, cria nele um sentimento de confiança na vida e nas pessoas. Ele será um futuro adulto otimista, amoroso, confiante, esperançoso, difícil presa da depressão.

A nossa sociedade acredita que o homem vale pelo dinheiro, pelo sucesso, pelo patrimônio material que possui. Uma terrível pressão é exercida, constantemente, sobre as pessoas, criando a síndrome do fracasso, assim como a síndrome do sucesso, ambas marcadas pela depressão.

A síndrome do sucesso implica medo das responsabilidades, a renúncia ao desejo de independência, o sentimento de desmerecimento (eu não sou tão bom!) e sentimentos de culpa (por ter destruído, de alguma forma, um objeto competidor).

A juventude parece que, aos poucos, recusa esse tipo de heroísmo que a sociedade cobra das pessoas. Inclusive, às vezes, sacrifícios pessoais em guerras injustas e um ignóbil heroísmo de sociedades inteiras, que pode ser perversamente destrutivo, como no caso da Alemanha de Hitler.

Recusa, também, o tolo heroísmo da aquisição e exibição de bens de consumo, o acúmulo de dinheiro e privilégios, que têm caracterizado um estilo de vida tanto capitalista como socialista. Essa nova posição da juventude é uma grande vitória na guerra contra a depressão.

Kant, filósofo alemão, dizia: "Se existe alguma ciência de que o homem realmente necessita é aquela que eu ensino, de como ocupar adequadamente o lugar na criação designado para o Homem e como aprender com ela o que se deve fazer para ser um homem".

Portanto, é fundamental, na luta contra a depressão, que tenhamos consciência de nós mesmos e de nosso papel social, cultural, histórico e cósmico. Só uma vida com sentido e realizações pode evitar o fantasma terrível da depressão.

O barulho, a música alta, a agitação, lugares cheios de gente, são, ao contrário do que muitos pensam, altamente agressivos para quem está deprimido.

Claro que existe uma série de saídas para a melhoria e para se evitar a depressão. Mas a saída maior é o autoconhecimento, a verdade sobre si mesmo, o encarar-se, face a face, sem medo...

A luz do sol, caminhadas, exercícios físicos que liberem a betaendorfina (hormônio responsável pela sensação de prazer e bem-estar), massagens que relaxem os músculos, sauna, meditação, respiração correta, música suave, técnicas como a ioga, vida ao ar livre são elementos importantíssimos na profilaxia (prevenção) e na ajuda do processo de cura da depressão.

De qualquer forma, sempre é preciso uma dose de humildade para encarar o problema quando ele existe; é necessário honestidade para não se enganar.

Já sabemos que a corrida maluca por alguma coisa, por ter e ser, é o início dos conflitos, da ansiedade e da depressão.

Refletir, como bem colocou Goethe, poeta alemão a quem já me referi antes, é essencial. Não fazer nada: apenas lançar um olhar sobre seus pensamentos, sobre o processo como eles se formam, sobre seus sonhos e anseios. Deve-se buscar entrar em sintonia com a vida, com o mundo, consigo próprio, com a mãe Natureza.

Quando o homem é induzido a pegar e dominar o mundo exterior, ele se distancia do seu interior, perdendo o eixo de si mesmo.

Liberar as emoções, a afetividade, estar aberto para a vida, para as experiências, é um santo remédio. Amar é estar pura e simplesmente em disponibilidade para a doação, a aceitação, o acolhimento, sem ânsia de querer dominar ou possuir.

Você deve se lembrar de que é seu próprio guru, seu mestre e seu discípulo: a verdade mora dentro de você, não adianta procurá-la em compêndios ou discursos alheios. Cada um tem seu próprio caminho. É bom estar feliz por ser como é e preocupar-se apenas em continuar caminhando para crescer e aperfeiçoar-se cada vez mais.

Já chamei a atenção do leitor para a força da pressão que esta sociedade "doente" exerce sobre todos nós, cobrando-nos uma série de comportamentos. Daí nasce a necessidade de haver um lugar, haver alguém com quem possamos falar, dizer aquilo que sentimos, aquilo que está realmente dentro de nós; alguém ou algum lugar onde possamos ser nós mesmos e unir as partes divididas do nosso eu.

Todos nós temos fraquezas, fantasias sexuais às vezes absurdas etc., mas deve haver alguém em nossa vida a quem tudo possa ser dito, sem medo de reprovação, sabendo que seremos acolhidos e amados como somos. Essa é a melhor profilaxia mental.

Querer ser perfeito é o caminho mais rápido para a infelicidade. A complacência e a compreensão têm de começar conosco mesmos.

Quando não nos amamos, existem armadilhas em que costumamos cair, tais como o perfeccionismo, o medo do fracasso ou do sucesso, a autoflagelação moral, a desesperança.

Toda vez que você não diz a verdade, depende da aprovação alheia, tem medo de se arriscar, é apressado nos relacionamentos, não vive o presente, está, fatalmente, caminhando para a neurose: provavelmente, a neurose depressiva.

Como relaxar? Como evitar o *stress* e a consequente depressão? Parando de ser irracional, não deixando os problemas se acumularem, não colocando sobre seus ombros todas as responsabilidades, procurando exercitar-se fisicamente, meditando, buscando companhia alheia e, também (isso é muito importante), a solidão ocasional.

Aproveite e viva, plenamente, cada momento agradável da vida, faça sempre novas amizades, não alimente grandes expectativas, procure conversar com um amigo, tente perceber seus pontos fortes, entre em contato com suas falhas, estabeleça prioridades, evite relacionamentos negativos, e, mais do que tudo, lembre-se: "o seu momento é agora". Não viva no passado, nem tampouco no futuro. Agarre-se ao presente: esse é o único momento certo e verdadeiro que você possui.

O tédio, a apatia e o nervosismo são, quase sempre, sinais de medos desconhecidos. Procure descobri-los e encare-os de frente.

Já falei sobre a importância da fé: é preciso crer em alguma coisa, e acima de tudo, em si próprio.

Dê-se prazer: você merece. Não banque nunca o avestruz, escondendo a cabeça na areia, com medo de encarar a realidade. Aprenda a dizer "não": é fundamental. É terrível fazer algo apenas por medo de desagradar alguém. Se você não quer, se você não pode, se não tem tempo, seja sincero e fale *não*. Isso em nada vai modificar sua vida. Mesmo que a pessoa se sinta ofendida com o seu não — e daí? Muitas vezes os outros querem apenas nos usar, aproveitar os nossos talentos...

Procure gerir melhor o seu tempo, descarregar suas emoções, criar, sempre, novos objetivos e não se isolar. A gente tem muito a dar e receber.

Todos nós devemos mobilizar os nossos esforços no sentido de conviver com as nossas dificuldades. Viver sem elas é pura ilusão.

A conquista de uma sexualidade sadia é outro fator de relevante importância na profilaxia e cura da depressão. Você deve se empenhar na conquista de sua felicidade sexual individual. Para isso, converse com seu parceiro. Os dois podem começar reconhecendo que têm "grilos", incertezas e inadequações. Ambos devem concordar em fazer experiências com cuidado, com atenção e, sobretudo, conquistando, aos poucos, o uso de uma franqueza absoluta sobre o que sentem, esperam ou sofrem durante o encontro.

Com relação ao homossexual, é preciso lembrar que não interessam as explicações, os porquês de sua preferência sexual. Não importa se a questão é genética ou psicológica. O importante é que ele se aceite tal como é e que os outros o respeitem como a pessoa que ele é.

Lembre-se de que não podemos fugir de nós mesmos e que as palavras tanto podem fazer um bem indizível como causar feridas profundas.

Um estado de excitação forte é, sempre, seguido de consequências psíquicas, tais como a ansiedade e a depressão. Dizer as coisas é um alívio e negar à excitação tal saída é acabar por convertê-la numa manifestação somática.

A saúde psicológica decorre da autoconsciência, da libertação íntima e da visão correta (isto é, não distorcida) que se deve manter a respeito da vida, das suas necessidades éticas, emocionais e humanas.

Vencendo a depressão, você pode, de repente, surpreender-se por se sentir capaz de prosseguir na caminhada evolutiva, produzindo, criando e amando.

Não posso deixar de esclarecer mais uma vez que, quando a pessoa está realmente sofrendo de depressão, é inútil tentar convencê-la a reagir: ela simplesmente não pode, não sem ajuda. Espero que, a essa altura, você tenha se convencido de que depressão é uma doença séria e que exige tratamento. Tudo que dissemos neste capítulo são apenas maneiras de se evitar a depressão e ajudar no tratamento.

Quero terminar lembrando que pesquisas desenvolvidas nas grandes universidades de vários países do primeiro mundo, e mesmo no Brasil, tratam as depressões como caso médico e demonstram que as depressões crônicas respondem melhor aos medicamentos do que as depressões graves. Os remédios, nos casos de depressão, são, pois, na atualidade, condição *sine qua non*.

Antigamente, pensava-se que os deprimidos crônicos *eram* deprimidos. Hoje, sabe-se que eles *estão* deprimidos. E o problema é que a grande maioria dessas pessoas não sabe disso e desconhece que existe um tratamento que pode tirá-las do sofrimento e devolver-lhes o prazer de viver. Felizmente, hoje em dia, mais e mais pessoas estão tomando conhecimento disso através da mídia e buscando auxílio médico.

Devemos sempre ter em mente que o homem deprimido não é uma "doença ambulante", mas uma *pessoa*. Dessa forma, a psicoterapia, embora por si só não seja suficiente, pode e vai agir sobre um sem-número de aspectos dessa pessoa, que podem estar contribuindo — e provavelmente estão — para sua depressão. O terapeuta vai ajudar o paciente a buscar seus próprios caminhos, com coragem e determinação.

MEDITAÇÕES FINAIS

> "Cansado peregrino na selva da solidão caminhando em torno de si mesmo sem guia, sem irmão. Soluça angustiado de tanto sofrer se cansa vivendo a morte na alma vertigem e desesperança."
> Clemente Kesselmeir

Carregando problemas, convivendo com nossas dificuldades, temos de ir em frente. Somos pressionados a isso. Mas, você já pensou, já se perguntou por que ir com tanta pressa? Cada passo pode ser vida, paz, alegria... Não há, portanto, motivo para apressar-se, mesmo porque, em

O que é depressão

qualquer esquina, a irmã Morte nos espera... Nessa caminhada, a gente tem de aprender a soltar-se e desligar-se de velhos condicionamentos. Principalmente, temos de aprender a jogar fora mágoas, ressentimentos e preocupações, portas abertas para a depressão.

Quando a gente sente que o peso está muito grande, por que não se perguntar: quem me obriga a carregar tanto peso? Geralmente, o maior peso são as expectativas alheias às quais queremos nos obrigar a atender, as exigências que fazemos conosco, o peso dos "devia", "não devia", "tinha de", "não podia" etc.

Já falei, antes, sobre a complacência e a compreensão que precisamos ter para conosco mesmos. Dizem os budistas que a consciência do sofrimento é que gera a compaixão, e a compaixão é a força motora da caridade para com o outro e para com a gente. Se você não percebe isso, seu amor ainda não é amor verdadeiro. Ao tomar consciência do sofrimento, que é uma condição inexorável da vida, você sofrerá, mas sua dor não provirá mais de seus medos, preocupações, angústias, depressões. Você sofrerá por sentir-se irmanado com todos os demais seres, e isso traz paz e harmonia interior.

Em seu belíssimo livro *De Coração Aberto*, Frei Neylor J. Tonnin, psicólogo clínico, mostra como é importante não viver fechado, medrosamente amarrado em si mesmo. Ele lembra que devemos deixar a vida fluir naturalmente, aceitando incondicionalmente aquilo que ela nos oferece. "De coração aberto", atitude sincera e espontânea diante da vida, significa saber acolher, estar disponível, não nos isolarmos em nossas ambições e desconfianças.

O deprimido costuma se achar um "coitado". Mas, coitados são aqueles que não são amados porque não sabem amar; não recebem compaixão porque são insensíveis às dores dos outros. Coitados são aqueles que não têm coragem de lutar por seus ideais, pelos grandes valores da vida, e se entregam ao desespero; coitados são aqueles que aceitam a injustiça, a violência, a miséria, o desamor, a corrupção, a degradação do ser humano, sem lutar contra tudo isso.

Mas o "coitado" do deprimido, o estado de "mártir" em que se coloca, é natural em quase todo tipo de neurose. E isso tem uma causa bem simples: é que toda doença emocional, como já dizia Freud, tem seus ganhos secundários. E é sobre isso que quero fazê-lo meditar. Se você está deprimido e nada faz para sair da depressão, se você tem ansiedades, fobias, pânico, retraimento, medos paralisantes, não estará, acaso, cultivando tudo isso, apesar do sofrimento, pelos ganhos secundários? Vejamos:

• não será a doença uma boa desculpa para o fato de não conseguir amor em sua vida — porque, na verdade, não é capaz de amar, de doar-se e sente-se como se não merecesse o amor?;

- o sofrimento que advém dessas perturbações não será uma maneira de evitar a aproximação com outras pessoas e desenvolver relacionamentos, sabendo que eles sempre envolvem algum risco e que você pode sentir-se rejeitado ou desaprovado?;
- não será mais fácil continuar assim, porque isso o desobriga de crescer e crescer é um trabalho doloroso? Quem sabe você pensa que nada vale e que por isso não compensa tentar crescer?;
- não estará querendo obter piedade, atenção e mesmo aprovação dos outros, por meio da doença? (Essa, porém, é uma maneira destrutiva de conseguir atenção, pois a piedade não é o amor genuíno, de que todos nós necessitamos para viver.);
- não estará a doença desobrigando-o de tomar qualquer iniciativa, sendo essa posição bastante cômoda?;
- não será mais fácil jogar nos outros a culpa pelos nossos infortúnios, em vez de termos nossa vida em nossas próprias mãos?;
- sua autopiedade não será uma boa desculpa para desertar da vida, que implica luta e sofrimento?;
- a doença não será uma maneira de regredir à infância, eximindo-se de qualquer responsabilidade e procurando atender às suas carências?;
- não estará buscando muletas, embora isso implique

sofrimento? Não será o seu medo de correr riscos? (Lembre-se de que não há vida sem riscos e que nunca conseguirá absoluta segurança. Esta é uma verdade com a qual temos de aprender a conviver.);

• quem sabe, você, por uma série de motivos inconscientes, acha que não merece ser feliz e se sente incapaz de assumir o comando de sua vida?

É bom recordar que toda neurose é imobilizante, isto é, impede o indivíduo de se realizar. Mas diz frei Neylor que, às vezes, é exatamente quando a pessoa se sente imobilizada, pequena, só, e de pouca valia, é que ela tem a chance de se abrir para o mistério mais amplo da vida.

Para aqueles que creem na eternidade e no infinito, a existência parece ser mais leve. De qualquer modo, a verdade é que temos de encontrar algo maior que nos preencha e dê sentido à vida.

Quem sabe a depressão não seja apenas uma desordem nos neurotransmissores do cérebro ou decorrência de conflitos emocionais, mas, também, uma doença da alma, que se acha perdida e desnorteada? Fica aí a questão para você refletir...

Acho que, agora, o resto é com você. Não tenha medo de segurar o leme de sua vida. Vá em frente!

INDICAÇÕES PARA LEITURA

1. HORNEY, Karen, *Nossos conflitos interiores*, Civilização Brasileira. A autora mostra, em seu livro, a maioria das motivações inconscientes, adjacentes ao mecanismo de nossos comportamentos. Ela discute o fato de que, geralmente, dependendo do tipo de temperamento e da educação que a pessoa teve, ela usa uma determinada espécie de máscara social, que lhe enche de medo e ansiedade, pelo perigo que corre de, a qualquer momento, ser descoberta a sua verdadeira essência. O livro nos ajuda bastante no autoconhecimento. Outro livro importante da autora é *A personalidade neurótica do nosso tempo*. Nele, a autora não apenas mostra as contradições de nossa cultura, que contribuem para nossas neuroses, como também aponta o desenvolvimento da "ansiedade básica" na criança,

resultado da repressão da agressividade, que pode, na vida adulta, ser o motor da depressão.

2. FROMM, Erich, *Psicanálise da sociedade contemporânea*, Zahar: O autor faz uma análise profunda das mazelas de uma sociedade capitalista, onde o *lucro* está acima do *homem*, contribuindo para as distorções em seu psiquismo. Em seu livro *O medo à liberdade*, Erich Fromm explica, com precisão e profundidade, tudo o que se esconde por trás desse medo. Você deve se lembrar de que procurei sempre chamar a atenção para os medos mascarados que se escondem na depressão. Em *A arte de amar*, o autor discute algo que é básico em nossa existência: o amor legítimo. Mostra como o conceito é distorcido em nossa sociedade e como a falta da capacidade de amar verdadeiramente nos torna vazios.

3. REICH, Wilhelm, *Escuta, Zé Ninguém*, Martins Fontes. Para mim, é uma das mais extraordinárias obras de Reich, ao alcance de qualquer leitor. Ele mostra, aqui, a alienação em que vive a maioria dos homens, servindo de "massa de manobra", sem criar e sem renovar nada, e a maneira brutal como o sistema condena os homens inteligentes e revolucionários (como ele próprio, que acabou morrendo na prisão, por escrever e pregar coisas que, ao

homem comum, não interessa ouvir, por colocar em perigo as suas próprias convicções que sustentam uma sociedade medíocre). Ele, também, com grande sabedoria e, às vezes, até com momentos poéticos, mostra como o tipo de cultura em que vivemos nos distancia de nós mesmos, nos robotiza e nos faz perder a capacidade de amar, levando-nos a uma série de distúrbios psicológicos, inclusive a depressão.

4. DYER, Wayne, *Seus pontos fracos*, Record. É um livro para leigos, no estilo bem norte-americano de proposição de fórmulas para uma vida melhor.

5. TELES, Maria Luiza Silveira, *O que é psicologia*, Brasiliense. Neste livro, procuro dar ao leigo uma ideia do significado dessa ciência. Entretanto, é impossível falar em psicologia sem tocar no mecanismo do comportamento humano. Assim, com a leitura desse livro, você faz uma iniciação à compreensão de si própria e de seus conflitos. *O que é neurose*, Brasiliense. O ideal seria que você tivesse lido este livro antes de *O que é depressão*; isso porque nele explico o significado da neurose, como se desenvolve, quais os fatores que influenciam sua evolução, assim como procuro mostrar saídas para evitá-la.

6. HERMANN, Fábio, *O que é psicanálise*, Brasiliense. Ao explicar a doutrina, o autor nos leva a uma análise pessoal, o que é de extrema valia para quem quer se compreender, alcançar seus conflitos e superá-los.

7. PORCHAT, Ieda, *O que é psicoterapia*, Brasiliense. A autora explica o significado do termo, mostra as várias técnicas e dá alternativas para você buscar a ajuda que melhor lhe convém.

8. TONNIN, Neylor J., *De coração aberto — Psicologia e Espiritualidade*, Vozes. O autor tem grande experiência com o ser humano, pois além de psicólogo é também sacerdote. Esse é o tipo do livro que pode ajudar demais quem perdeu a alegria de viver, já não acredita em nada, não confia em si e nem no outro. Frei Neylor, de uma maneira super agradável e poética, leva-nos para uma viagem ao interior de nós mesmos e nos faz descobrir aí a força que nos leva a vencer as dificuldades e conflitos.

9. BECKER, Ernest, *A negação da morte*, Nova Fronteira. O autor faz um estudo profundo de como o medo da morte se esconde por trás de uma série de comportamentos nossos.

O *que é depressão* 79

10. MENDELS, Joseph, *Conceitos de depressão*, Livros Técnicos e Científicos Editora. O livro é inteiramente dedicado a discutir a depressão: as teses sobre suas origens, os tratamentos, suas variações.

11. FREUD, Sigmund, "Luto e Melancolia" in *Artigos sobre Metapsicologia*, vol. XIV, Imago. Freud deixa bem claro, nesse trabalho, a diferença entre tristeza e depressão, que foi motivo de um capítulo deste meu presente livro.

"Contribuições para uma Discussão Acerca do Suicídio", in *Cinco Lições de Psicanálise*, vol. XI, Imago. Também aqui o grande mestre faz considerações sobre o maior perigo da depressão.

SOBRE A AUTORA

Maria Luiza Silveira Teles é mineira, de Belo Horizonte, onde nasceu a 4 de maio de 1943. Professora universitária, titular de Psicologia da Educação e Sociologia da Educação, jornalista, escritora e conferencista. É licenciada em Pedagogia, com pós-graduação em Psicologia e Sociologia. Suas obras já publicadas são: *O que é psicologia* (coleção Primeiros Passos, Brasiliense, constando do Círculo do Livro), *O que é neurose*, Brasiliense, *Aprender Psicologia*, Brasiliense, *Uma introdução à Psicologia da Educação*, *Curso básico de Sociologia da Educação*, *A greve das crianças* (os três pela Vozes), *As sete pontes*, romance, edição independente. Tem, ainda, participação na primeira *Antologia da Academia Montesclarense de Letras*, Ed. Comunicação, e *Poemas de Caderno*, D.G.F. Editora.